AF249792

NOTICE

SUR

JOSEPH-DANIEL GUIGNIAUT

ANCIEN SECRÉTAIRE PERPÉTUEL HONORAIRE

DE L'ACADÉMIE DES INSCRIPTIONS ET BELLES-LETTRES

(Extrait du compte rendu annuel de la Caisse de secours mutuels
des anciens élèves de l'École normale.)

CERF ET FILS

Imprimeurs-Éditeurs de l'Association des anciens élèves de l'École normale

VERSAILLES, RUE DUPLESSIS, 59

—

1877

NOTICE

SUR

JOSEPH-DANIEL GUIGNIAUT

SECRÉTAIRE PERPÉTUEL HONORAIRE

DE L'ACADÉMIE DES INSCRIPTIONS ET BELLES-LETTRES

NOTICE

SUR

JOSEPH-DANIEL GUIGNIAUT

SECRÉTAIRE PERPÉTUEL HONORAIRE

DE L'ACADÉMIE DES INSCRIPTIONS ET BELLES-LETTRES

(EXTRAIT DU COMPTE RENDU ANNUEL DE LA CAISSE DE SECOURS MUTUELS
DES ANCIENS ÉLÈVES DE L'ÉCOLE NORMALE.)

Promotion de 1811. — GUIGNIAUT (Joseph-Daniel), secrétaire perpétuel honoraire de l'Académie des Inscriptions et Belles-Lettres, né à Paray-le-Monial le 15 mai 1794, décédé à Paris le 12 mars 1876.

Plusieurs hommages publics ont été rendus à la mémoire de M. Guigniaut. L'Académie des Inscriptions et Belles-Lettres a eu pour organes M. de Wailly, son président, et M. Wallon, qui, après avoir représenté aux funérailles la Faculté des Lettres, a choisi pour sujet de la notice annuelle lue en séance publique, la vie et les travaux de celui qui avait été son maître et son prédécesseur immédiat dans les fonctions de secrétaire perpétuel. De même M. Alfred Maury a d'abord parlé sur la tombe de M. Guigniaut comme son successeur au Collége de France et plus encore comme un disciple et un ami tendrement attaché, et bientôt après il a exposé et apprécié sa carrière scientifique dans un article étendu publié par la *Revue politique et littéraire*. L'Ecole normale aussi a eu un digne représentant, et la famille conserve le reconnaissant souvenir des paroles émues et sincères de M. Havet, comme d'une des consolations les plus délicates que la douleur des premiers instants pût accepter. Cependant le Conseil de notre Association a pensé qu'une place devait encore être réservée dans notre réunion annuelle au doyen de ses membres honoraires, qui joignait à ce titre celui d'ancien directeur de l'Ecole normale. C'est sur son invitation que j'ai dû me charger de l'exécution de cette pensée : quelque satisfaction que me cause l'accomplissement d'un pareil devoir, j'aurais hésité à demander l'autorisation de le remplir, sentant que dans ma bouche les éloges perdraient trop de leur prix. Aussi m'appuierai-je beaucoup sur ce qui a été dit ailleurs. Ce que vous trouverez dans mes paroles d'affectueuse estime et de vénération, vous devrez l'attribuer d'abord aux hommes considérables dont je viens de rappeler les témoignages et dont tels ont été les sentiments communs.

Joseph-Daniel Guigniaut naquit à Paray-le-Monial dans une maison modeste, située sur la place du Marché, à laquelle une décision récente du Conseil municipal a donné son nom. Il vint au monde le 15 mai 1794, ou, d'après le style du temps, le 26 floréal an II. Le nom du mois républicain figure sur son acte de naissance au lieu des prénoms qu'il reçut plus tard d'un oncle quand le culte fut rétabli. Après avoir fait sa première éducation au collége de sa petite ville, il fut envoyé à Paris pour étudier la médecine. Mais ses goûts et ses aptitudes le dirigèrent bientôt dans le sens où s'est développée toute sa carrière. Redevenu élève de rhétorique dans la classe de Burnouf, le père, au Lycée impérial (Louis-le-Grand), il fut admis à l'École normale en 1811, n'ayant que dix-sept ans. Il y trouvait Victor Cousin, entré en 1810 à la fondation même de l'École ; il avait pour camarades de promotion et il garda pour amis plusieurs des hommes dont le nom a le plus illustré nos annales, Loyson, Dutrey, Viguier, Mézières, Augustin Thierry, Patin, le compagnon de sa longue carrière. C'est peut-être M. Guigniaut dont la destinée est restée le plus étroitement unie à celle de l'École normale. Pendant longtemps il partagea les vicissitudes de sa fortune. Dès 1818, à 24 ans, désigné par le choix de Royer-Collard, il y était maître de conférences d'histoire. Mis en disponibilité lors du licenciement de l'École en 1822, il y rentrait en 1826, quand elle fut rétablie sous le nom d'École préparatoire, pour y enseigner la littérature grecque. Bientôt, en 1828, il joignait à cet enseignement les fonctions de directeur des études, qu'il continuait à remplir après 1830, mais avec le titre de directeur; l'École préparatoire était redevenue l'École normale. Il y resta dans ces doubles fonctions jusqu'en 1835, époque où il entra définitivement à la Faculté des lettres comme professeur de géographie. Il y avait déjà suppléé Boissonade en 1828 dans la chaire de littérature grecque.

Pour compléter ce rapide tableau de sa vie de professeur, rappelons que M. Guigniaut avait débuté, à sa sortie de l'École normale, par l'enseignement des humanités au lycée Charlemagne. La chaire de géographie de la Sorbonne le garda comme titulaire jusqu'en 1861. Depuis 1854, il avait fait au Collége de France le cours d'histoire et de morale. Il quitta le Collége de France en même temps que la Faculté des lettres, prenant, après 51 ans de services, une retraite que devaient encore occuper pendant douze années les laborieuses fonctions de secrétaire perpétuel de l'Académie des Inscriptions et Belles-Lettres, à laquelle il appartenait depuis 1837. Par un côté de ces fonctions il retrouvait le travail administratif, auquel il s'était consacré avec autant de succès que de conscience, soit en dirigeant l'École normale, soit, pendant cinq ans, de 1845 à 1850, comme secrétaire général du Conseil de l'Université.

Ainsi la vie de M. Guigniaut s'est partagée inégalement entre l'enseignement et l'administration. Il faut ajouter encore la science. Il en eut le goût dès ses plus jeunes années : non pas seulement de la science curieuse, exacte et méthodique qui accroît sans cesse, ordonne et assure pour l'avenir ses acquisitions, mais de la science profonde et, pour ainsi dire, généreuse, dont l'ardeur communicative poursuit à travers les siècles le développement de ces grandes questions humaines où chacun de nous retrouve sa propre histoire confondue avec celle du monde. Ainsi aucun de ses auditeurs de la Sorbonne, où il fit les premiers cours de géographie savante qui y aient été professés, ne s'est jamais plaint que son érudition ne fût pas assez précise, ni assez bien informée. Et de même, à l'École normale, pendant qu'il y enseignait la langue et la littérature grecques, il se plaça parmi les premiers par la sûreté de ses

connaissances grammaticales et littéraires, et rendit des services dont neuf générations d'élèves ont perpétué le souvenir. Cependant ce n'est pas le géo-
graphe ni l'helléniste qu'il faut d'abord remarquer en lui : c'est le maître possédé
de la passion d'enseigner, qui ne compte ni avec lui-même, ni avec les autres ;
c'est l'initiateur tout entier à sa méditation et à sa recherche ; c'est l'interprète
général de l'antiquité. Un fidèle témoin, M. Havet, nous a parlé de l'*excitation
puissante que sa parole portait avec elle*. Il a rappelé ces conférences *où se ré-
pandait son esprit toujours plein ; ces leçons où il portait une ardeur incom-
parable par laquelle on était entraîné et qui laissaient une trace profonde
parce qu'elles étaient très-savantes et très-riches d'idées, et qu'étant à la fois
le disciple de Boissonade et de la critique allemande, encore si peu répandue
en France, il ouvrait à ses élèves des horizons très-nouveaux et très-vastes.*
Homère, Hésiode, Hérodote, la poésie, la religion, l'histoire à son origine, cette
première formation du génie grec qui est la merveille de l'humanité, voilà
ce dont il aimait surtout à parler, et ce qui occupait le plus son esprit, éveillé
par les recherches critiques de l'Allemagne. Déjà, à cette époque, il appartenait
aux études d'où est sortie son œuvre capitale, cette traduction transformée de
la *Symbolique* de Creuzer qui est devenue, grâce à un travail de 26 ans, une véritable encyclopédie des religions de l'antiquité.

La première pensée de cet ouvrage, dont il ne prévoyait pas lui-même les
vastes proportions, était née pendant ces années de loisir qu'avaient faites aux
maîtres de l'École les défiances de la Restauration. M. Guigniaut méritait ces
défiances par son attachement aux idées libérales. Nul ne s'associa avec un
enthousiasme plus sincère et un optimisme plus généreux au mouvement d'où
sortit alors le *Globe*, et qui vous a été si bien décrit ici même dans l'hommage
rendu à l'organisateur de cette belle publication. Ces nobles aspirations, ces
grandes conceptions, ces rêves heureux et confiants qui admettaient à côté de
la politique la poésie, la science, la philosophie, la religion, entraînaient l'élite
de la génération d'alors. M. Guigniaut s'y livra tout entier. Camarade et ami de
Dubois, il fut un des rédacteurs du *Globe ;* il était en relations fréquentes avec
Benjamin Constant, qui, à cette époque même, publiait son livre sur la religion ;
du même temps datait sa liaison avec Edgar Quinet. Mais, chez M. Guigniaut,
le partage entre la politique et la science fut toujours très-inégal ; et il n'y a pas
de comparaison sérieuse à établir entre les pages trop rapides du brillant publi-
ciste, ou les vagues élans du poète philosophe et historien, et l'œuvre profonde
du savant consciencieux qui ne demandait à l'antiquité que l'antiquité elle-
même dans sa vérité la plus sincère.

C'est dans l'article de M. Maury et dans la notice de M. Wallon qu'il faut
chercher l'histoire et l'appréciation des *Religions de l'antiquité.* Ils ont raconté
les commencements de ce grand ouvrage, et les vicissitudes de sa continuation
jusqu'au moment où il s'acheva avec l'aide de deux collaborateurs très-versés
dans l'étude des mythologies et des monuments figurés de l'art antique, M. Maury
lui-même et M. Vinet. Ce qui en faisait à la fois le mérite et la difficulté, c'est
que la science qu'il exposait se développait et changeait pendant le cours de
cette exposition même. Creuzer était dépassé et rectifié avant d'être complè-
tement traduit. De là la nécessité d'additions considérables, où l'auteur, mettant
à profit les découvertes et les travaux de ses contemporains, principalement en
Égypte et en Orient, exprimait sa propre pensée, qui, sur bien des points, le
séparait profondément de l'original. Ainsi s'est formé ce vaste monument de

vulgarisation et d'initiation qui a renouvelé chez nous la science des mythologies et y a servi de point de départ à tous les travaux modernes sur ces im-
portantes questions. Si quelques parties, antérieures aux grands progrès suscités
par les découvertes de Champollion et d'Eugène Burnouf et en général par les
travaux des Indianistes, paraissent aujourd'hui avoir vieilli, toute la partie qui
concerne la Grèce, fondée sur l'étude des textes et des monuments classiques,
est restée et restera. Il en est de même du *Mémoire sur les mystères de Cérès
et de Proserpine et sur les mystères de la Grèce en général*, où le véritable
caractère de ces cérémonies a été enfin déterminé.

Telle est l'opinion exprimée par M. Maury, le meilleur juge dans ces obscures
matières. Le même témoin nous fait bien connaître chez M. Guigniaut le caractère du savant, qu'il avait saisi dans son naturel pendant une collaboration de
près de cinq années. « J'ai pu, dit-il, dans un long commerce avec Guigniaut,
» apprécier tout ce qu'il y avait en lui de qualités rares et de savoir conscien-
» cieux. Dans l'œuvre de critique incessante qu'il s'était imposée, ce savant ne
» se départissait jamais de la modération qui fut un des traits distinctifs de son
» caractère. Chez lui, on ne trouvait aucun parti pris, aucune de ces préven-
» tions, de ces rancunes mesquines, de ces préoccupations personnelles que
» l'on rencontre trop souvent chez les hommes de science : la sérénité de son
» âme se réflétait dans ses jugements. » Peut-être cette image tracée par la
justice d'un ami n'est-elle pas complète. La nature de M. Guigniaut était à la
fois enthousiaste et réfléchie. C'est ce qui détermina le choix de ses études
principales, et fit sa vraie supériorité ; c'est pour cela que, pénétrant dans la
vie des anciens par le sentiment et l'imagination autant que par la méditation et
l'examen attentif des faits, il remonta jusqu'à ses sources profondes dont il
sentait la fécondité et le mystère. Il fut du petit nombre de ceux qui ont eu le
sens de l'antiquité. Il ne croyait d'ailleurs jamais assez la connaître ; sa science
n'était pas fermée, ni faite une fois pour toutes. Il l'a bien prouvé, lorsque,
montant dans la chaire du Collège de France à l'âge où la loi nous autorise à
réclamer le repos, au lieu de vivre sur son fonds, il se mit à l'accroître avec
l'ardeur de la jeunesse. Son sujet général était *le Polythéisme dans ses rapports
avec les institutions, les mœurs et les arts de l'antiquité.* Il semblait que ce
dût être simplement une partie de son grand ouvrage mise en leçons : c'en
fût un complément ; car cette antiquité dont il étudia le développement reli-
gieux, c'était l'Inde, avec ses hymnes sacrés et ses grands poèmes, si mal
connue lors de la publication du premier volume. Du reste sa préparation
datait de loin. Membre de la Société asiatique dès l'origine, il avait été en
rapports suivis avec nos premiers orientalistes, Sylvestre de Sacy, Chézy,
Étienne Quatremère, Champollion, Abel Rémusat, Mohl, surtout avec son ami
Eugène Burnouf.

En général plus nous mettons de sérieux et de passion dans nos travaux, plus
nous sommes convaincus de leur importance et moins notre pensée est hospi-
talière pour autrui. La nature ouverte et généreuse de M. Guigniaut se refusait
à cette personnalité exclusive. Jamais personne n'a plus chaudement applaudi
à tout effort ou à toute nouveauté qui lui paraissait digne d'encouragement. A
cette époque avancée de la vie où trop souvent le cœur se replie dans l'égoïsme,
il s'intéressait au succès des autres, surtout à ceux de la jeunesse ; il était resté
jeune lui-même par les sentiments, par l'ardeur désintéressée pour la science,
la facilité confiante de l'admiration. Son nom restera toujours attaché à la fonda-

tion de l'Ecole d'Athènes. C'est lui qui en avait accueilli le plus vivement la pensée; c'est lui qui, grâce à sa haute situation de secrétaire général du Conseil de l'Instruction publique et à l'autorité qu'il avait dans l'Académie, l'a le plus aidée dans ses difficiles commencements; c'est lui qui lui a tracé sa voie ; c'est lui qui a le plus joui de ses premiers succès, célébré avec le plus heureux enthousiasme la jeune gloire de notre regretté camarade Beulé.

C'est peut-être aussi à cette absence de préoccupation personnelle qu'on doit attribuer le mérite particulier des onze notices que M. Guigniaut a lues comme secrétaire perpétuel aux séances publiques de l'Académie des Inscriptions et Belles-Lettres. Avant de prendre la plume, il relisait et méditait les œuvres, il étudiait les détails de la vie, les traits du caractère, et il réussissait ainsi à faire revivre les hommes dont il voulait fixer le souvenir dans les archives de l'Académie. Les noms d'Alexandre de Laborde, de Fauriel, d'Augustin Thierry, de Creuzer, des deux Quatremère, l'archéologue et l'orientaliste, de Leclerc, d'Hase et d'Alexandre, de Bopp et du duc d'Albert de Luynes, avertissent d'ailleurs de la riche variété de ses connaissances.

Mais ce qu'il convient surtout de rappeler ici, ce sont les effets de cette disposition sympathique et bienveillante dans la direction de l'Ecole normale. Pour apprécier le succès de cette direction, il ne faut pas oublier quelles difficultés particulières elle présentait en 1830 et dans les années voisines. L'Ecole n'a jamais été fermée aux influences extérieures. Une révolution, celle-là surtout qu'avait soulevée un souffle si puissant de libéralisme, ne pouvait la laisser tout entière à ses paisibles études. Des jeunes gens ouverts aux idées généreuses, souvent pénétrés du sentiment de leur propre valeur, que l'expérience de la vie n'a point encore éclairés sur leurs devoirs ni prévenus contre les erreurs de jugement, doivent à ces époques de troubles, dans leur intérêt comme dans celui de la maison, être maintenus par une prudence exempte de dureté et de sécheresse, qui les dirige sans les blesser. M. Guigniaut sut alors veiller au bien de l'Ecole, faire respecter son autorité et gagner le cœur de ses élèves. Il avait pour cela des secrets dont l'efficacité est certaine avec la jeunesse, le sentiment du devoir et une affection dévouée. Voici le témoignage que lui rend M. Wallon, présent à l'Ecole de 1831 à 1834 :

« Ce qu'on appréciait surtout et en tout temps, c'est son attachement à l'Ecole » et aux élèves de l'Ecole. Quand on entrait dans cette maison, on ne relevait » pas seulement de lui pendant trois ans, on était à lui pour toujours. Quiconque » avait passé par l'Ecole restait l'objet de sa sollicitude. Il ne s'occupait pas » seulement de bien placer un élève à la sortie, il le suivait avec le même » intérêt dans toute sa carrière ; j'en puis témoigner par moi-même, et beau- » coup d'autres lui rendront avec moi ce témoignage. »

S'il est quelques-uns de nos plus jeunes camarades qui entendent ces paroles, sans doute ils font la réflexion que le présent ressemble beaucoup à un passé déjà si lointain, et il les transforment intérieurement en un hommage actuel, qui n'est pas moins mérité. Qu'ils unissent, dans cette pensée naturelle de reconnaissance, au directeur d'aujourd'hui le directeur d'autrefois, qui a inauguré à l'Ecole cette excellente tradition de gouvernement par la bonté intelligente et par l'exemple.

Les dernières années de M. Guigniaut ont été attristées par les évènements de la guerre et de la Commune, qui l'ont profondément atteint en donnant le plus cruel démenti aux espérances de sa jeunesse ; et puis par un deuil de famille qui l'a privé d'un petit-fils où il se retrouvait avec bonheur. Je l'entends encore s'écrier : « Pourquoi Dieu ne frappe-t-il pas plutôt le vieil arbre ? » Il survécut à cet enfant près de quatre années, se renfermant désormais dans une retraite de plus en plus étroite. Il n'avait pas tardé à se démettre de ses fonctions de secrétaire perpétuel, dont la fatigue avait fini par ébranler sérieusement sa santé. Rétabli au-delà de nos espérances par l'air vivifiant de la mer, il se livrait avec une douce sérénité aux affections de la famille, tout en réservant dans ses habitudes comme dans ses prédilections la place de sa chère Académie. Une nouvelle douleur devait encore l'éprouver au terme même de sa longue vieillesse : la mort le sépara de l'ami, du compagnon de toute sa vie, de M. Patin. Il eut le courage de lui rendre, au péril de sa santé, les derniers devoirs, et s'éteignit lui-même bientôt après, sentant qu'il l'allait rejoindre, achevant presque à la même heure une destinée à bien des égards pareille, rapproché une dernière fois de lui par les mêmes témoignages d'estime et de vénération. Ils ont disparu ensemble, laissant un vide que les générations nouvelles ne réussiront pas à combler. Quels que soient dans l'avenir les progrès de l'Ecole normale et de l'Université, elles ne connaîtront plus, on peut le craindre, cette ardeur confiante et sereine, plus forte que toutes les épreuves, dont la figure de M. Guigniaut offrait un des types les plus dignes et les plus frappants.

Jules GIRARD.

VERSAILLES, CERF ET FILS, IMPRIMEURS, RUE DUPLESSIS, 59.